100% BRETON

Donnez votre avis sur ce livre sur
http://www.enquetes.playbac.fr en entrant le code 651874.
Vous pourrez vous inscrire sur la plateforme Play Bac et gagner de nombreux livres et jeux de notre catalogue en cumulant des points.

33, rue du Petit-Musc, 75004 Paris www.playbac.fr

100% BRETON

playBac

AVANT-PROPOS

Vous avez l'auriculaire qui frétille dès que vous entendez le son d'un biniou ? Votre sang est constitué pour moitié de beurre salé ? À 18 °C, vous trouvez que la mer est chaude ? Pas de doute, vous êtes breton(ne) ! Comme aucune étude d'envergure n'a fait date depuis *Astérix chez les Bretons*, on a fait appel à nos meilleurs experts pour rédiger cet ouvrage de référence... Et si vous en avez assez d'entendre que les Bretons ont un caractère de cochon et qu'en Bretagne il fait toujours un temps de cochon, n'oubliez pas, tout est bon, dans le cochon ! *Yec'hed mad* !

Les 10 commandements du Breton

1 La Mère Bretagne qui en son sein te garde toujours tu chériras.

2 Son folklore tu applaudiras, ses biniouseries tu adoreras, ses danses musclées du petit doigt tu exécuteras.

3 La pluie et le vent tu béniras – à moins que tu ne les maudisses, au bout d'un moment.

4 Grâce au *Gwenn ha du* qu'aux quatre coins du monde tu transporteras, tes compatriotes partout tu reconnaîtras.

5 Sa cuisine légère pur beurre tu propageras.

6 Ta langue maternelle tu connaîtras – au moins les trois « K » traditionnels : *Krampouz*, *Ker* machin-chose, *Kenavo*.

7 Ton pays, contre les envahisseurs normands et parisiens, contre vents et marées tu défendras.

8 Avant d'aller te baigner, l'heure de la marée haute toujours tu vérifieras.

9 En levant ton verre pour trinquer, *Yec'hed Mad !* tu t'exclameras.

10 À l'étranger, quand on te demandera d'où tu viens, « de la Bretagne, la seule, la vraie, l'unique » tu répondras.

Le Breton apprend
à être prévoyant très tôt…

Ouin !
Ouin Ouin Ouin !
Ouin !

Ouin !
Ouiiiinnnn !
Allô ! Allô ! Quoi ? J'entends pas ! AllÔôôôÔÔÔÔ !

Microclimats, vous avez dit « microclimats » ?

Il pleut plus en Bretagne nord qu'en Bretagne sud.

Mais ATTENTION, la température de la Manche est très élevée dans les Côtes-d'Armor : jusqu'à 17 °C, et ce plusieurs jours d'affilée !

Sur Concarneau, on a un microclimat, que l'on pourrait presque qualifier de subtropical entre le 14 et le 17 août ! Certainement dû à la proximité de l'archipel de Glénan.

À Pornic, nous sommes en présence d'un véritable climat méditerranéen comparable à celui de la Crête, surtout entre le 15 et le 18 août. Cette particularité est due à la proximité de l'île de Noirmoutier qui, grâce à ses hauts sommets, fait barrage aux masses d'air froid venues de l'Atlantique !

Pour le non-averti, le microclimat est tellement micro qu'il ne l'a jamais localisé. Il cherche encore !

Kouign-amann

Le Gall
Le Moulé Tradition
Beurre de Baratte
250 g
Demi-sel
Farine de blé
Moulin de l'Ecluse
Emile Le Rhun

Les vacances en Bretagne

POUR

Vous mangerez enfin de bonnes crêpes.
Les crêperies ont fleuri dans toute la France, mais il n'est de bonnes crêpes (ou galettes) qu'en Bretagne. Prétendre le contraire, c'est faire preuve d'une mauvaise foi indéfendable.

Le soleil ne vous tuera pas.

Vous n'aurez pas besoin de passer quinze minutes à trouver une place où poser votre serviette sur la plage.

Vous n'y croiserez ni bimbos ni mâles virils à chaîne en or parlant haut et fort *avé* l'accent.
Et rien que ça, c'est reposant.

CONTRE

Pourquoi se tacher le maillot avec les boulettes de pétrole qui traînent sur les plages après chaque naufrage de pétrolier ?

Quel est l'intérêt de se baigner dans une mer à 17 °C envahie par les algues vertes, alors que vous pourriez vous la couler douce à l'île de Ré ou sur la Croisette ?

Vous ne pouvez pas décemment ruiner vos oreilles au son des différents festivals et autres fest-noz juste parce que c'est typique.

Les artichauts, c'est immangeable.

Côte d'Azur le 15 août

Presqu'île de Crozon le 15 août

BLA
GUE

Pourquoi le beurre breton
est-il salé ?

Parce que les vaches
bretonnes boivent
de l'eau de mer !

1001 nuances de gris...

...Et puis, en haut, vous avez une vue du port le matin, une marine par temps calme et une scène de marché... Tout cela peint d'après nature, bien sûr !

Qu'est-ce qu'un « contrôle biniou », en Bretagne ?

A. Une audition de musique pour entrer dans un bagad.

B. Le contrôle technique de cet instrument (obligatoire tous les deux ans).

C. L'autre nom du contrôle d'alcoolémie par éthylotest.

Réponse : C.

Quand vous partez
en week-end en été
en Bretagne…

Billig
Ar mor
Ma Doue
Brezhonneg
Billig
Breizh
Fest-noz
BARA GWIN
BARA
GWIN
Traou mad
Gwen ha du
Breizh
Bloavezh mat
Mam Kozh
DEGERMER MAT
Breizh
Bara gwin
BLOAVEZH MAT
Gwen ha du
Ar mor
Bara gwin
Gwin ruz
FEST-DIEZ
Traou mad
GWIN RUZ
MAM KOZH
Gwin ruz
Billig
Brezhonneg
Brezhonneg
GWEN HA DU
Krampouezh
GWIN RUZ
Traou mad
Fest-noz
Kenavo
Ma Doue

PETIT LEXIQUE INDISPENSABLE EN PAYS BRETON

Brezhonneg **:** langue bretonne.

Ar mor **:** la mer.

Bara gwin **:** du pain et du vin (a donné le verbe français « baragouiner »).

Billig **:** plaque à crêpes.

Bloavezh mat **:** bonne année.

Breizh **:** Bretagne.

Degemer mat **:** bienvenue.

Fest-diez **:** fête de jour.

Fest-noz **:** fête de nuit.

Gwen ha du **:** blanc et noir et, par extension, drapeau breton.

Gwin ruz **:** vin rouge.

Kenavo **:** au revoir.

Krampouezh **:** crêpe.

Ma doue **:** mon dieu.

Mam kozh **:** grand-mère.

Traou mad **:** choses bonnes.

Boîte à lettres française

Boîte à lettres bretonne

Lequel de ces noms ne désigne pas un village breton ?

PLOU
PLOU
PLOU
PLOU
PLOU

GASNOU
GASTEL
BELLELAVIE
HINEC
FRAGAN

Réponse : PLOUBELLELAVIE.

COMMENT SE MOQUER D'UN PARISIEN

Leçon n° 1

Aller à la plage pendant
une grande marée.
Se placer à la terrasse
du café, meilleur spot
d'observation qui soit.
Observer avec un plaisir
inégalable la mer remonter
et emporter les serviettes
et autres accessoires
de plage des Parisiens
non avertis.

BLA
GUE

Quand on voit les îles
de la côte,
c'est qu'il va pleuvoir.
Quand on ne voit plus les îles,
c'est qu'il pleut.

BREIZH TOUCH

Leçon n° 1

Tongs bretonnes

Existent également en bleu marine et rouge.
De manière incompréhensible,
la couleur jaune reste incontournable
pour le Parisien en vacances en Bretagne.

La Bretagne, ça vous gagne !

top 6 des choses à ne JAMAIS dire à un Breton

1 Ne traitez jamais un Breton de « plouc » sous prétexte que beaucoup de villages en Bretagne commencent par « plou » (Ploumanac'h, Plougastel, Plouescat...).

2 Restez très prudent quand vous parlez du Mont-Saint-Michel. Un conseil : évitez de dire qu'il est normand.

3 Ne dites surtout pas que la langue bretonne n'est ni plus ni moins que du patois.

4 Ne pariez jamais que vous tenez mieux l'alcool qu'un Breton. Il a quelque chose dans les gènes qui fait que vous tomberiez dans le coma alors qu'il commencerait à peine à tituber.

5 Ne demandez jamais : « Et cela vous arrive, de voir le soleil, de temps en temps ? » Le Breton vous répondra simplement : « En Bretagne, il ne pleut que sur les cons. »

6 Ne dites pas : « En France, on n'a pas de pétrole, mais on a des idées. En Bretagne, c'est l'inverse, non ? » Le Breton n'apprécie pas du tout ce genre d'humour noir.

Le Breton parle un français bien à lui...

- Il fait beau de retour. (Le beau temps est revenu.)
- Comment que c'est avec toi ? (Comment vas-tu ?)
- Attention de tomber ! (Attention à ne pas tomber !)
- Pense à tirer tes chaussures avant de rentrer ! (En Bretagne, on tire ses chaussures pour les ôter.)
- J'ai laissé mon sac après moi. (J'ai oublié mon sac.)
- Vous êtes en même temps ? (Êtes-vous ensemble ?)
- J'en ai la moitié trop. (Pour dire qu'on en a deux fois trop.)
- J'ai envoyé mes affaires avec moi. (En Bretagne, on envoie ses affaires, alors que partout ailleurs on les prend.)

BREIZH TOUCH

Leçon n° 2

La marinière

Le must-have des dressings bretons
que tout le monde nous envie.
Et ce n'est pas Arnaud Montebourg
qui dira le contraire.

Vous êtes-vous déjà demandé
pourquoi vous ne croisiez
quasiment jamais de chats
dans les rues des villes de Bretagne ?
Cet animal n'est pas adapté
au climat.

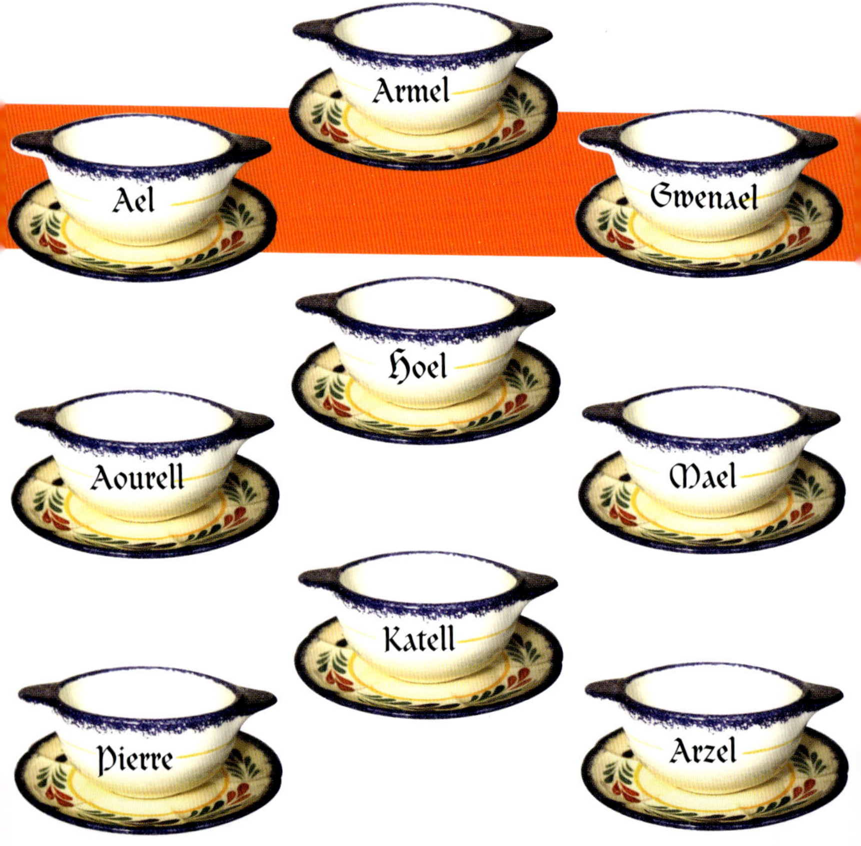
Armel
Ael
Gwenael
Hoel
Aourell
Mael
Katell
Pierre
Arzel

Regardez bien les prénoms bretons inscrits sur les bols de la page ci-contre, puis fermez les yeux et citez :

1. un prénom finissant par -el.

2. le prénom qui n'est pas breton.

3. un prénom qui peut être masculin ou féminin.

Réponses : 1. : tous sauf Pierre. 2. : Pierre. 3. : Armel, Gwenael, Mael, Ael.

En Bretagne,
l'herbe est vraiment
plus verte qu'ailleurs !

PRO VERBI

« Horizon pas net,
reste à la buvette ! »
Oui, le Breton est plein
de sagesse…

top 10 des cadeaux à offrir à un Breton

1 L'incontournable *Gwenn ha du* en drapeau pour le jardin ou en fanion à poser sur le bureau.

2 Une marinière façon Jean-Paul Gaultier de chez Armor-Lux !

3 Un drap de plage estampillé BZH.

4 Un bol prénom de chez HB Henriot !

5 Une invitation à la « Nuit celtique »... à Paris.

6 Un stage d'un week-end à Plouarzel pour apprendre quelques rudiments de la langue, des danses et des chants bretons.

7 Un CD de musique bretonne de Nolwenn Leroy... euh pardon, d'Alan Stivell !

8 Un baromètre n'indiquant pas la pluie.

9 Un calendrier des dates de fest-noz avec les horaires des marées !

10 Un bouquet garni dans un panier de pêcheur : soupe de poisson, sardines de chez La Belle-Iloise, une bière Lancelot, un gâteau breton.

COMMENT SE MOQUER D'UN PARISIEN

Leçon n° 2

Servir un plateau de fruits de mer. Décortiquer ses propres langoustines et autres coquillages et crustacés sans rien dire pendant dix minutes au moins. Boire un coup de blanc et observer comment le Parisien s'en sort. Éventuellement lui venir en aide.

Êtes-vous...

- têtu(e) ?
- chauvin(e) ?
- rancunier(ère) ?
- méfiant(e) ?
- susceptible ?
- bourru(e) ?
- bagarreur(euse) ?
- fêtard(e) ?
- travailleur(euse) ?
- râleur(euse) ?

résultat

Si vous avez coché plus de huit cases, pas de doute, vous êtes breton(ne).

top 5 des spécialités bretonnes que le monde nous envie

1 **La galette :** no comment. La vraie, c'est la complète : jambon, œuf, fromage et basta.

2 **Le far breton :** des œufs, du beurre, du sucre, de la farine et du lait. Si vous avez envie de fantaisie, vous ajoutez des pruneaux. Plus simple, tu meurs... Le Breton n'est pas du genre à faire des chichis.

3 **Le kouign-amann :** sans doute le gâteau au nom le plus difficile à écrire au monde. Et le plus riche en calories ! Du beurre, du beurre et encore du beurre (salé, naturellement).

4 **L'andouille de Guémené :** la meilleure andouille de l'univers ! Miam, ces boyaux enfilés les uns dans les autres. En Bretagne, on mange du porc, et on aime ça.

5 **Le pâté Hénaff :** la véritable star en Bretagne, c'est le pâté Hénaff. Encore du porc, évidemment.

Le Pâté Hénaff
AVEC FILETS ET JAMBONS

La Bretagne, ça envoie du pâté !

« VOUS AVEZ DE LA PÂTE ?
ALORS AVEC LA PÂTE
PIS VOUS METTEZ

VOUS AVEZ DU SUC' ? VOUS FAITES UNE CRÊPE DU SUC' DESSUS ! »

Les bronzés font du ski,
Patrice Leconte, 1979

Pour réussir parfaitement un lancé de crêpe, il faut :

1. avaler sept à huit bolées de cidre cul sec ;
2. adopter une position décontractée, les deux pieds bien ancrés dans le sol, légèrement écartés, jambes fléchies ;
3. apprendre à compter jusqu'à trois en breton ;
4. prononcer trois fois *krampouz* avant retournement complet de la crêpe.

top 10 des choses que les Bretons aiment

1 Dire qu'ils sont bretons.

2 Faire de la voile, même quand il pleut.

3 Donner des prénoms improbables à leurs enfants.

4 Rouler en Autolib' à Paris. Parce que ces fameuses voitures sont toutes immatriculées 29, département où sont fabriquées leurs batteries électriques.

5 Dire qu'ils ne sont pas têtus mais obstinés.

6 Boire sans soif et sans raison apparente.

7 Se baigner dans une mer à 17 °C et en sortir en disant aux autres qu'elle est bonne.

8 Manger du kouign-amann, la seule pâtisserie qui donne l'impression d'avoir le sang qui s'épaissit dans les artères quand on l'avale.

9 Dire qu'ils ne sont pas chauvins, mais attachés à leur pays, sous-entendu la Bretagne.

10 Rappeler au médecin la maxime : « Bretons sans beurre, Bretons qui meurent. »

BLA
GUE

Pourquoi les Bretons
ont-ils choisi BZH
comme logo ?

Parce que ça signifie
Bretagne Zone Humide.

Camping-Car breton

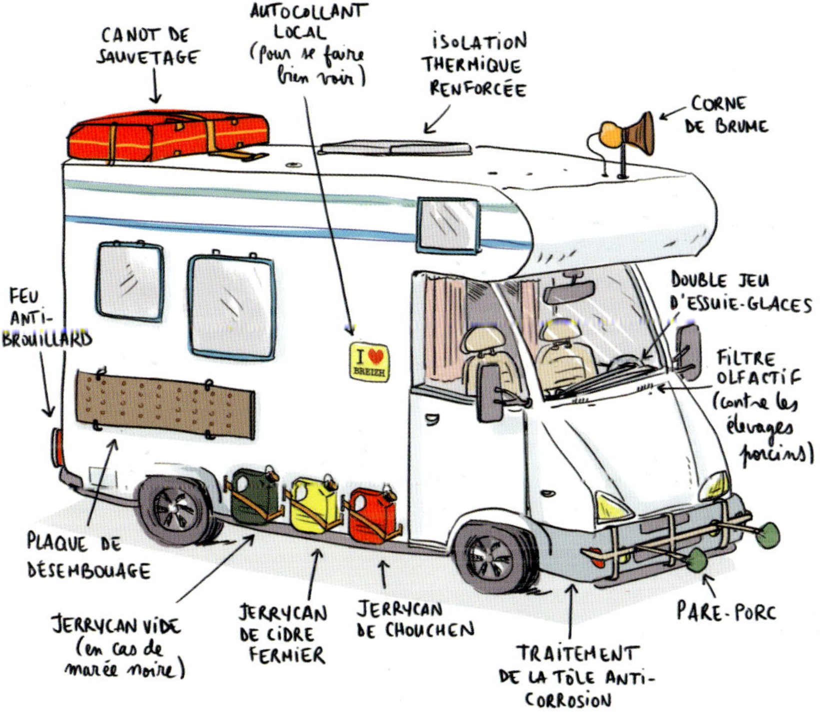
CANOT DE SAUVETAGE
AUTOCOLLANT LOCAL (pour se faire bien voir)
ISOLATION THERMIQUE RENFORCÉE
CORNE DE BRUME
I ♥ BREIZH
FEU ANTI-BROUILLARD
DOUBLE JEU D'ESSUIE-GLACES
FILTRE OLFACTIF (contre les élevages porcins)
PLAQUE DE DÉSEMBOUAGE
JERRYCAN VIDE (en cas de marée noire)
JERRYCAN DE CIDRE FERMIER
JERRYCAN DE CHOUCHEN
TRAITEMENT DE LA TÔLE ANTI-CORROSION
PARE-PORC

La pluie qui mouille et celle qui ne mouille pas (vraiment)

Le Breton ne se contente pas de dire
« il pleut ».
En Bretagne, il y a plusieurs sortes
de pluie :
le crachin, la bruine, la rincée,
la saucée, le grain, la pluie
qui « mouillasse », etc.

Que suis-je ?

Top ! Après le repas gastronomique des Français, la tapisserie d'Aubusson, la dentelle d'Alençon, je fais mon entrée en 2012 sur la liste du patrimoine culturel immatériel de l'humanité de l'Unesco. Je suis l'un des piliers de la culture bretonne. J'ai pour origine une pratique rurale ancestrale. Je compte plus d'un millier de rassemblements par an, dont un regroupant jusqu'à 8 000 personnes à Rennes. J'allie danse et musique dans la plus grande convivialité alcoolisée du monde.
Je suis ? Je suis ?

Réponse : Le fest-noz.

Pour un Breton,
le homard canadien
est au homard breton
ce que Leader Price
est à Fauchon.

BLAGUE

Qu'est-ce
qu'une marque de griffes
sur un comptoir de bar ?

Un Bigouden qui a ramassé
sa monnaie.

Le fetz-noz,

le bal des pompiers breton !

Les Bretons, ce sont les seuls
qui sont capables de danser en se tenant
par le petit doigt sans être ridicules. Ou pas.

Breizh Cola,
« le cola du Phare Ouest »

BLA GUE

En Bretagne,
on n'a pas de montagnes,
mais on a une bonne descente.

top 10 des points communs entre les Parisiens et les Bretons

1 Il fait moche aussi à Paris.

2 Le touriste y est considéré comme un être de catégorie inférieure.

3 À Paris comme en Bretagne, les artistes-peintres vendent des croûtes aux touristes de passage.

4 Ils adorent les soirées clubbing. En Bretagne, on appelle juste ça des « fest-noz ».

5 Les Parisiens et les Bretons aiment la Bretagne. L'inverse n'est pas vrai...

6 Il y a aussi des mouettes à Paris (même si elles vont finir par se faire dévorer par les pigeons mutants).

7 Parisiens et Bretons ont des racines gauloises. Celles des Bretons ont perduré dans leurs gènes.

8 Ils partagent l'amour des vieilles pierres : les Parisiens pour Hausmann, les Bretons pour les menhirs.

9 Ils se vexent autant les uns que les autres quand un Américain compare les crêpes à leurs pancakes.

10 Un mouvement artistique y porte le nom d'une ville (l'École de Paris et l'École de Pont-Aven, bande d'ignares).

Ils ont la lavande…

On a les artichauts !

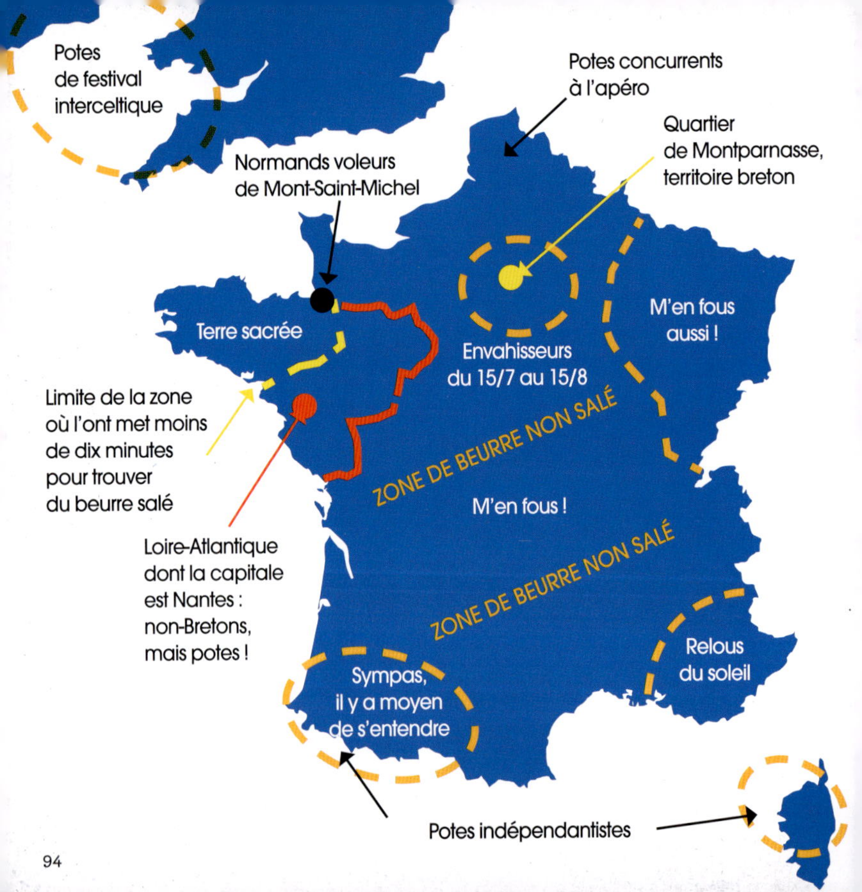
Potes
de festival
interceltique
Normands voleurs
de Mont-Saint-Michel
Potes concurrents
à l'apéro
Quartier
de Montparnasse,
territoire breton
Terre sacrée
Envahisseurs
du 15/7 au 15/8
M'en fous
aussi !
Limite de la zone
où l'ont met moins
de dix minutes
pour trouver
du beurre salé
ZONE DE BEURRE NON SALÉ
M'en fous !
Loire-Atlantique
dont la capitale
est Nantes :
non-Bretons,
mais potes !
ZONE DE BEURRE NON SALÉ
Relous
du soleil
Sympas,
il y a moyen
de s'entendre
Potes indépendantistes

LA FRANCE VUE PAR LES BRETONS

« VOUS CONNAISSEZ UN

LA BRETAGNE ?

VOUS N'EN AVEZ

BRETON QUI N'AIME PAS NON, HEIN ? JAMAIS RENCONTRÉ ? »

Patrick Le Lay,
président de TF1 de 1988 à 2007,
Paroles de Bretons, vol. 1, éditions Blanc et Noir, 2012

Fatalité

Si un Breton en visite
dans une autre région
mange des crustacés
qui viennent de Bretagne,
il les trouvera quand même
moins bons.

Le Breton parle un français bien à lui...

- Çui-ci est arrivé grand, maintenant. (Il a bien grandi.)
- On a eu du goût avec nous. (On s'est bien amusé.)
- Je vais faire de l'essence ! (Car il est bien connu que tous les Bretons ont un puits de pétrole et une miniraffinerie au fond de leur jardin.)
- Il est sur quel métier ? (Quel métier fait-il ?)
- Comment que c'est ? (Comment ça va ?)
- Du café vous aurez avec vous ? (Vous prendrez bien un café ?)
- Je suis au lit avec le docteur. (Je suis malade et mon médecin m'a recommandé de rester couché.)
- Çui-ci peut plus courir avec sa jambe. (Il s'est blessé à la jambe.)

À chacun ses traditions

Salam Aleykoum !
Demat !*
* "Bonjour !" en breton

.bzh : les Bretons vont enfin avoir leur signe de ralliement !

.bzh

Quiz
à l'attention du Breton en exil

1. Comment dit-on « Bretagne » en breton ?
2. Quel est le principal ingrédient du chouchen ?
3. Que signifie l'expression *Gwenn ha du* ?
4. Quel festival de musique a lieu tous les ans à Carhaix-Plouguer depuis 1995 ?
5. Quelle île se trouve en face de Paimpol dans les Côtes-d'Armor ?

réponses

6. Combien de départements y a-t-il en Bretagne ? Citez-les.

7. Quel est le nom légendaire de la forêt de Paimpont ?

8. Vrai ou faux ? C'est à Nantes qu'a été érigé le château des ducs de Bretagne.

Si vous ne savez pas répondre à l'une de ces questions, c'est qu'il est temps que vous retourniez en Bretagne pour votre piqûre de rappel.

1. Breizh ; 2. Le miel ; 3. Blanc et noir en breton (en 1923, *Gwenn ha du* deviendra tout naturellement le nom du drapeau breton) ; 4. Le festival des « Vieilles Charrues » ; 5. L'île de Bréhat ; 6. Quatre (Finistère, Côtes-d'Armor, Ille-et-Vilaine, Morbihan) ; 7. La forêt de Brocéliande ; 8. Vrai (construit à la fin du XVe siècle par François II, dernier duc de Bretagne, puis par sa fille la duchesse Anne).

top 5 des trucs pour repérer un touriste en trente secondes

1 Ses enfants n'ont jamais vu de bulots.

2 Il mange plus de mayonnaise que de bulots.

3 Il ne court jamais pour entrer dans l'eau, mais toujours pour en sortir.

4 Il oublie de vérifier à quelle heure la mer est haute avant d'aller à la plage... et finit la serviette trempée.

5 Il se balade en ciré Cotten jaune avec des bottes... Alors que les locaux sont en short !

COMMENT SE MOQUER D'UN PARISIEN

Leçon n° 3

Aller à la pêche aux crabes quand la mer monte. Recommander aux Parisiens que vous croiserez d'attendre que les crabes s'approchent de leurs orteils pour les pincer (rien de mieux pour attirer le crustacé, tout Breton qui se respecte vous le dira). Dites-leur qu'ils n'auront plus qu'à se pencher pour les ramasser.

BLAGUE

En Bretagne,
on est des gens du voyage,
on se déplace
en car à Vannes.

« JE SUIS

ET ARRIÈRE-PETIT-FILS

MON PÈRE EST LE PREMIER

IL SERA MAGISTRAT.

PETIT-FILS
DE MARIN.
DÉGÉNÉRÉ DE LA FAMILLE.
IL AVAIT LE MAL DE MER. »

Philippe Chevalier,
Paroles de Bretons, vol. 1, éditions Blanc et Noir, 2012

Voileux, voileuse n. familier : les voileux sont essentiellement bretons. S'ils ne le sont pas, c'est qu'ils ont été formés en Bretagne, et en tout cas jamais sur la grande mare (la mer Méditerranée, pour les Bretons). Ils n'englobent EN AUCUNE FAÇON tous ceux qui pratiquent les sports nautiques à moteur. Être voileux nécessite une longue période d'entraînement : l'apprenti commence systématiquement par écoper l'eau dans le puits de dérive lors de ses premiers stages sur Optimist. On reconnaît le voileux à sa chevelure décolorée par le sel et le soleil et à son teint hâlé (ou rouge, c'est selon).

EL MUNDO
TURCHIA
IRAN
PAKISTAN
TIBET
INDIA
ARABIA SAUDITA
OMAN
MARE ARABICO
GOLFO DEL BENGALA
OCEANO INDIANO
ETIOPIA
N
S
E
O
NE
SE
SO
NO
LEVANTE
PONENTE
TRAMONTANA
MEZZOGIORNO

Le Breton a besoin
de dépaysement
pour ses vacances.
C'est pourquoi
il les passe à Belle-Île.

CE QUE LES PARISIENS ENVIENT AUX BRETONS

- La mer (c'est sûr, ça change de la Seine).
- Le bon air vivifiant (mais quand ça sent la marée, ils trouvent que ça pue).
- Le fait de prendre le temps de vivre (mais ils ne lâcheraient leur smartphone pour rien au monde).
- Les crustacés frais (mais ils se pincent à chaque fois qu'ils essaient d'en ouvrir).
- L'absence d'embouteillages (amis Bretons, non, cinq minutes d'attente ne sont pas considérées comme un bouchon par un Parisien, ni même trente minutes, d'ailleurs...).

CE QUE LES BRETONS ENVIENT AUX PARISIENS

La chance de pouvoir découvrir la Bretagne.

Sale temps pour les palourdes !

Marée basse, coefficient de marée de 114

Et de 20 !
Bandes de goels* !
* « Goel », diminutif de « goéland »,
se traduit approximativement par « vorace »
ou « mange-absolument-tout-et-n'importe-quoi ».

BREIZH TOUCH

Leçon n° 3

Le ciré jaune

En cas d'absence de gilet de sécurité dans votre voiture, le ciré jaune est toléré par les forces de l'ordre en Armorique.

Comment faire tenir une Bigoudène dans cette page ?

Réponse
page suivante.

Comme ça !

top 5 des trucs qui opposent les Bretons aux Normands

1 Le beurre doux et le beurre salé.

2 Le Mont-Saint-Michel et le Mont-Saint-Michel.

3 Le calva et le lambic.

4 L'indécision des Normands
et l'obstination des Bretons.

5 La tarte aux pommes et crème fraîche
et le kouign-amann.

Le Mont-Saint-Michel, une question de point de vue !

Bretagne

Normandie

Extrait d'un manuel de biologie breton

Chez les hominidés, le pouce, en devenant préhenseur (c'est-à-dire opposable aux autres doigts), a permis de saisir de la nourriture et de fabriquer des outils. Il est à ce titre le doigt le plus important dans l'homme. On note toutefois une exception géographique en Bretagne, où l'auriculaire lui conteste ce statut.

BLAGUE

N'offrez jamais
un casse-tête chinois
à un Breton.

Il est si têtu qu'il pourrait
mourir dessus.

Chère Madame,

Nous vous remercions de faire confiance

au Crédit Mutuel de Bretagne.

Cependant, veuillez avoir l'amabilité

de libeller votre chèque en français,

afin d'en faciliter la lecture

et l'encaissement par nos services.

Kenavo

Le directeur du CMB de Rennes.

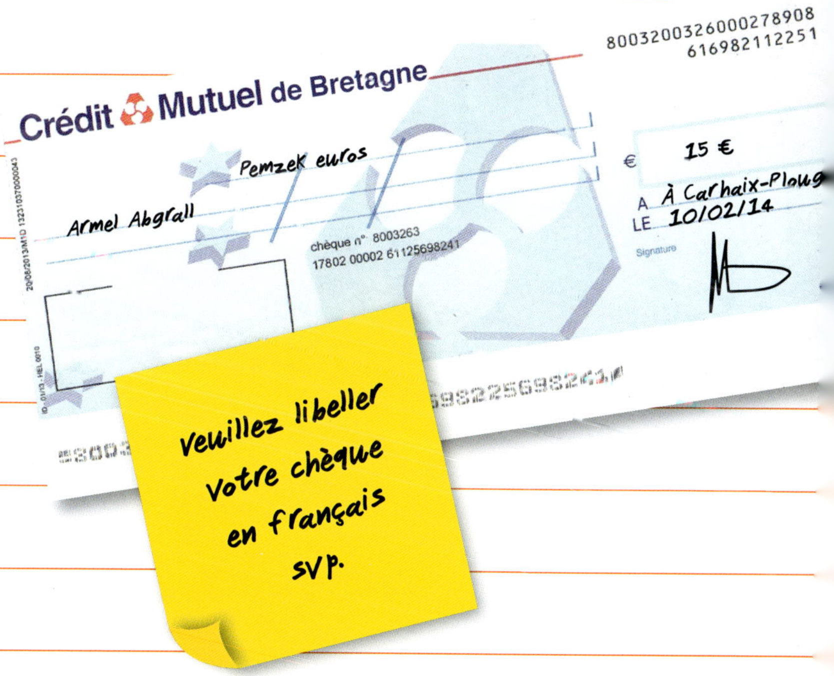
80032003260002789O8
616982112251
Crédit Mutuel de Bretagne
Pemzek euros
Armel Abgrall
chèque n° 8003263
17802 00002 61125698241
15 €
A À Carhaix-Ploug
LE 10/02/14
Signature
Veuillez libeller votre chèque en français svp.

QUIZ

Reliez chaque expression bretonne à sa traduction en français.

1 Aller en *riboul* ☐

2 Partir en *distribil* ☐

3 Faire du *reuz* ☐

4 Partir à *dreuz* ☐

5 Être *skuizh* ☐

6 Faire *frisket* ☐

7 Prendre ses *louzous* ☐

8 Être *lichou* ☐

9 Être *crotik* ☐

10 Mettre son *chuppen* ☐

- ■ Aller de travers A
- ■ Mettre sa veste B
- ■ Prendre ses médicaments C
- ■ Sortir faire la fête D
- ■ Faire du bruit E
- ■ Être sens dessus dessous F
- ■ Trouver qu'il fait froid G
- ■ Être fatigué H
- ■ Être mignon I
- ■ Être gourmand J

Réponses : A4 ; B6 ; C5 ; D1 ; E8 ; F7 ; G3 ; H10 ; I9 ; J2.

« Dolmen : ensemble
mégalithique composé
de trois pierres disposées
comme un banc
(d'où l'expression dolmen public). »

Marc Escayrol,
humoriste français, *Mots et grumots*, 2003.

La légende du roi Arthur

Le magicien emblématique de la légende du roi Arthur est :

a. Merlin l'Enchanteur, dont les immenses pouvoirs furent précieux pour le roi Arthur.

b. Merlin, connu pour son incapacité à réussir la moindre potion.

c. Gandalf, réputé pour ses pouvoirs et ses feux d'artifice.

réponses

Quelle est la quête fondamentale des chevaliers de la table ronde ?

a. Trouver le Saint-Graal.

b. Guerroyer et boire un bon coup.

c. Détruire l'anneau unique.

Qui a réussi la quête du Graal ?

a. Galaad le Pur.

b. On ne sait pas, la saison n'est pas terminée.

c. Frodon Sacquet.

Vous avez une majorité de :

a : bravo, vous maîtrisez les bases de la mythologie bretonne.

b : arrêtez de regarder *Kaamelott* et replongez-vous plutôt dans les mythes et légendes...

c : non, *Le Seigneur des anneaux* de Tolkien ne fait pas partie de la légende arthurienne.

COMMENT SE MOQUER D'UN PARISIEN

Leçon n° 4

Proposer
une balade
en bateau.
Utiliser le maximum
de mots techniques
tels que lofer, abattre,
empanner, tirer
sur les bouts, étarquer,
prendre des ris…
Et regarder l'air ahuri
de vos amis touristes.
Ne marche pas
s'ils regardent « Thalassa » !

DIC
TION

« Qui voit Molène voit sa peine.
Qui voit Ouessant voit son sang.
Qui voit Sein voit sa fin.
Qui voit Groix voit sa croix*. »

* Les Bretons, pleins de sagesse, inventèrent ce dicton pour illustrer les dangers encourus par les navigateurs au large du Finistère, à l'époque où les bateaux n'étaient pas motorisés.

Vous êtes un vrai Breton si :

- vous savez ce qu'est un *korrigan*.
- vous savez faire la différence entre une mouette et un goéland.
- vous demandez un *pochon* quand vous voulez un sac plastique.
- vous dites *Bloavez mad* pour souhaiter la bonne année à vos amis.

- vous faites une *cuche* à votre fille pour lui attacher les cheveux.
- vous avez parfois des *pikouz* au coin des yeux le matin.
- vous ne mangez que du beurre salé.
- vous ne refusez jamais de trinquer avec un compatriote breton.
- vous savez reconnaître le son du *biniou* dès les premières notes.
- vous savez que le *fest-deiz* est au jour ce que le *fest-noz* est à la nuit.

L'goéland volant sur le dos...
Fera pas beau.
L'goéland volant plus...
F'ra pas beau non plus !
Dictons bretons

L'goéland volant bec en avant… Signe de mauvais temps.

Devenir **breton**
en moins de cinq minutes

Pour devenir breton sans trop vous compliquer la vie, transformez votre nom facilement en utilisant les suffixes -ec, -ic, -en, -an, aouen et eguen et/ou les préfixes le, ker- et plou-.

Quelques exemples :

Quentin Tarentino ⟶ Quentin Le Tarentinec

Rihanna ⟶ Rihannic

Justin Timberlake ⟶ Justin Timberlec

Michael Jackson → Michael Jacksoneguen

Lady Gaga → Lady Kergagadec

Brad Pitt → Brad Pittaouen

Gérard Depardieu → Gérard Le Depardiec

Woody Allen → Woody Plouallen

À vous de jouer !

Les scientifiques sont formels : le corps humain a un fonctionnement et des aptitudes qui varient d'une région à l'autre grâce à ses capacités d'adaptation à l'environnement. Ainsi, le Népalais ne souffre pas du manque d'oxygène en haute altitude ; le Breton, quant à lui, ne souffre pas du manque de degrés dans l'eau.

Comment sait-on que c'est l'été en Bretagne ?

Hé, la pluie est moins froide ! Ça y est : c'est l'été !

COMMENT SE MOQUER D'UN PARISIEN

Leçon n° 5

Lui proposer
de faire pousser
des mégalithes
grâce aux graines
de menhirs.

top 10 des prénoms impossibles que les Bretons aiment donner à leurs enfants

1 Aelig

2 Arzel

3 Brieuc

4 Ewen

5 Goulven

6 Gwendal

7 Lenaig

8 Rozenn

9 Steredenn

10 Younick

N.B. : si vous n’avez pas dans votre entourage au moins huit personnes s’appelant comme ça, vous vivez depuis trop longtemps loin de votre Bretagne natale.

DIC TONS

Dans le Léon, tout ce qui n'est pas gratuit est cher.

Le Briochin aime le mauvais temps,
car il vide la plage des importuns.

Quand un Bigouden perd ses cheveux,
il s'empresse de vendre son peigne.

Quand un Malouin vous parle des corsaires,
vous apprenez que les Bretons ont découvert
la terre entière.

Dans le Trégor, on a le caractère pur porc.

*Gast** !
On a dit douze minutes
de cuisson,
c'est pas compliqué,
quand même,
faut vous le dire
en breton ou quoi ? !

* *Gast* : juron breton.

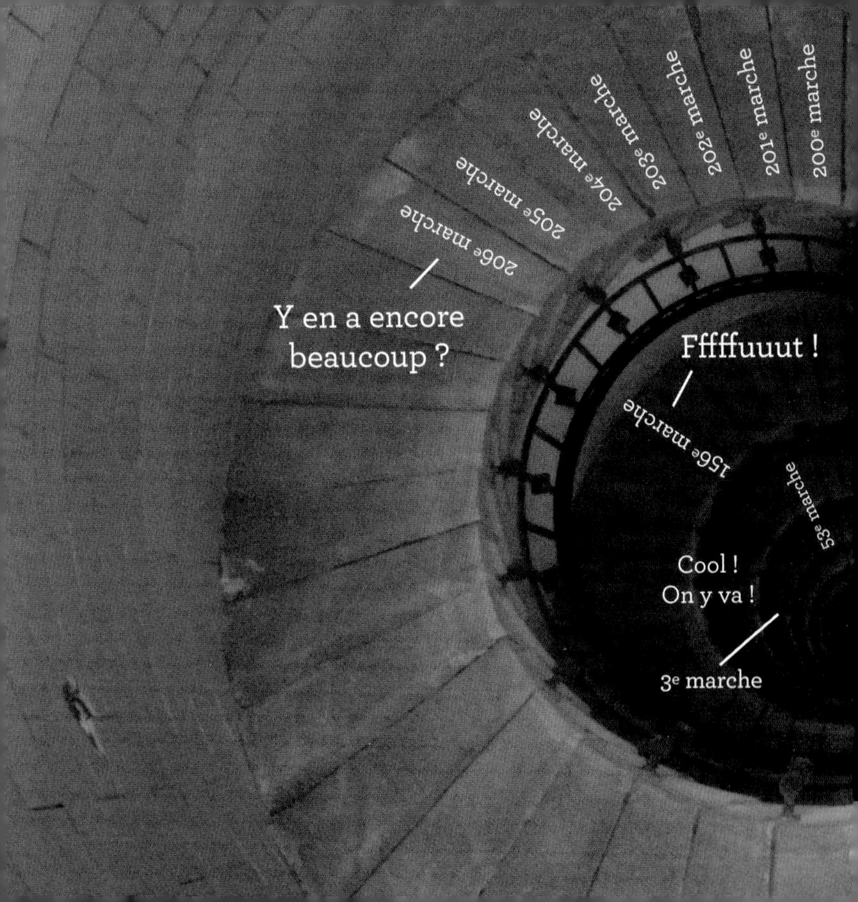
3e marche
Cool !
On y va !
53e marche
156e marche
Ffffuuut !
200e marche
201e marche
202e marche
203e marche
204e marche
205e marche
206e marche
Y en a encore
beaucoup ?

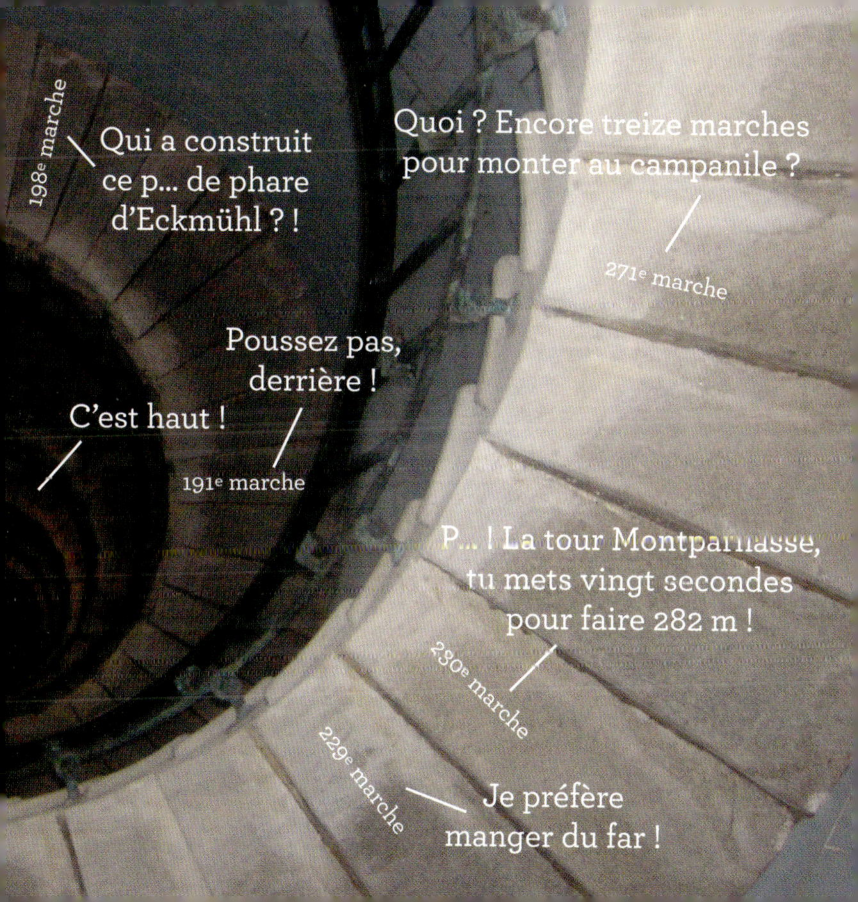
198e marche
Qui a construit ce p... de phare d'Eckmühl ? !
Quoi ? Encore treize marches pour monter au campanile ?
271e marche
Poussez pas, derrière !
C'est haut !
191e marche
P... ! La tour Montparnasse, tu mets vingt secondes pour faire 282 m !
230e marche
229e marche
Je préfère manger du far !

top 5 des fêtes que le monde nous envie

1 **La fête du Coco paimpolais.** Tous les deux ans, mi-août, participez au grand concours d'écossage de ces fameux haricots secs sur le port de Paimpol !

2 **La fête de la Morue à Binic** fait revivre l'esprit de fête qui régnait autrefois quand les terre-neuvas revenaient de leur campagne de pêche. Les chants de marins font partie des festivités, mais vous pouvez également participer au prochain millésime « Morue en fête », en vous inscrivant au « Tremplin musique morue ». Rendez-vous en mai sur les quais !

3 **Le concours mondial de la plus grande crêpe du monde à Gourin** a lieu tous les ans fin juillet. La pâte et le matériel sont fournis par le comité. Il ne reste plus qu'à graisser la *billig* !

4 **La fête des Fraises de Plougastel** est un événement incontournable qui se déroule le deuxième dimanche de juin. Normal, Plougastel inonde depuis plus d'un siècle l'Europe de fraises et de confitures.

5 **La fête de la Langoustine à Lesconil** a lieu le deuxième samedi du mois d'août tous les deux ans sur le port. Découvrez l'univers de la pêche en visitant des chalutiers et en dégustant des langoustines !

Jean
(75015)
Denis
(88000)
Alice
(59500)
Festival des « Filets bleus »
Concarneau

Soazic
(35000)
(56400)
Yann
(29700)
Loïc
(22400)
Festival des « Vielles Charrues »
Carhaix-Plouguer

Un Breton qui ne boit pas est un espion

Qu'est-ce que je vous sers m'sieur ?
Une bière sans alcool, s'il vous plaît !
Pssst, patron ! C'est sûr que c'est pas un breton... c'est un espion ! Gaffe !

BLAGUE

Combien y a-t-il de saisons
en Bretagne ?

Deux :
la saison des petites pluies
et la saison des grandes pluies.

COUTEAU BRETON*

* NDA : ne lancez jamais de défis stupides sur la capacité des Bretons à tenir l'alcool, vous avez perdu d'avance.

COUTEAU SUISSE*

* NDA : les lames et autres ciseaux servent à faire des trous dans le gruyère.

top 5 des métiers faits pour les Bretons

1 Chauffeur de taxi à Panam : pour pouvoir râler sur les Parisiens, mais chez eux, cette fois.

2 Biniaouer : c'est tellement drôle de jouer du biniou dans un bagad pour casser les oreilles des Parisiens en vacances.

3 Crêpier à Nice : pour essayer de rivaliser avec la pissaladière !

4 Douanier : pour garder un œil sur tout ce qui entre et sort de Bretagne.

5 Bouilleur de cru : pour perpétuer la tradition de l'alambic et pouvoir continuer à boire de l'eau-de-vie.

Les déménageurs bretons

Brèves de comptoir

Un *lambig*, Jos ?

(Je te sers de l'alcool de pommes, Jos ?)

Non, sers-moi un coup de *gwin ru* !

(Non, sers-moi plutôt du vin rouge !)

Yec'hed mat !

(À ta santé !)

Memes tra !
(La même chose !)

BLAGUE

Quelle est la seule chose qui n'est jamais en déficit en Bretagne ?

La pluviométrie.

QUIZ

Reliez les mots suivants à leur définition.

1 Poch ■

2 Cuche ■

3 Pikes ■

4 Ma doue ■

5 Chouille ■

6 Louzous ■

7 Crayon gris ■

8 Craz ■

9 Pochon ■

10 Palto ■

- ■ Mon dieu A
- ■ Fête B
- ■ Croustillant C
- ■ Alcoolique D
- ■ Chipie E
- ■ Crayon à papier F
- ■ Sac plastique G
- ■ Queue-de-cheval H
- ■ Veste I
- ■ Médicaments J

Réponses : 1D ; 2H ; 3E ; 4A ; 5B ; 6J ; 7F ; 8C ; 9G ; 10I.

[redacted]
Traezhenn ar Minou
1
[redacted]
Tour-tan ar Minou
1.5
[redacted]
Goudor K.G.L.
2

Certaines situations peuvent prêter à confusion !
Muni de votre dictionnaire franco-breton,
retrouvez la direction que vous cherchez.
Sinon, regardez ci-dessous*.

* Réalisé sans trucage,
ces panneaux existent bien !

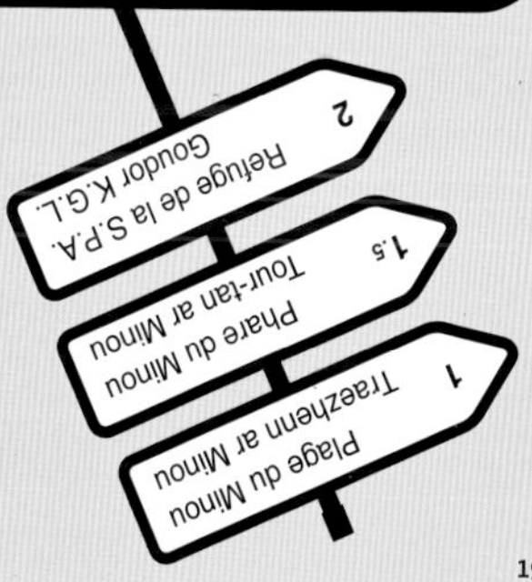

QUIZ

Reliez les titres de chansons ci-dessous, grands succès de la musique bretonne, au degré de qualité musicale que vous leur attribuez.

1 « La tribu de Dana », Manau ■

2 « Le loup, le renard et la belette », Tri Yann ■

3 « Tri Martolod », Nolwenn Leroy ■

- ☐ Pas bien A
- ☐ Vraiment pas bien B
- ☐ J'ai les oreilles qui saignent C

Réponses : toutes les réponses possibles sont correctes.

VRAIE BIGOUDÈNE

FAUSSE BIGOUDÈNE

FAT

En Bretagne, l'unité nutritionnelle de référence n'est pas la calorie, mais le kouign-amann.

Abrégé en « ka », on obtient ainsi les équivalences suivantes :

- 1 crêpe au sucre = 0,1 ka
- 1 crêpe au caramel au beurre salé = 0,2 ka
- 1 galette jambon-œuf-fromage = 0,5 ka
- 1 part de far breton = 0,9 ka

BLA GUE

En Bretagne,
on est tous frères,
on a Quimper.

To beurr'
or not to beurr' ?

Les crêpes de tradition
Tout beurre ou allégé ?
Euh... allégé !
Tssss ! Mécréant, va !

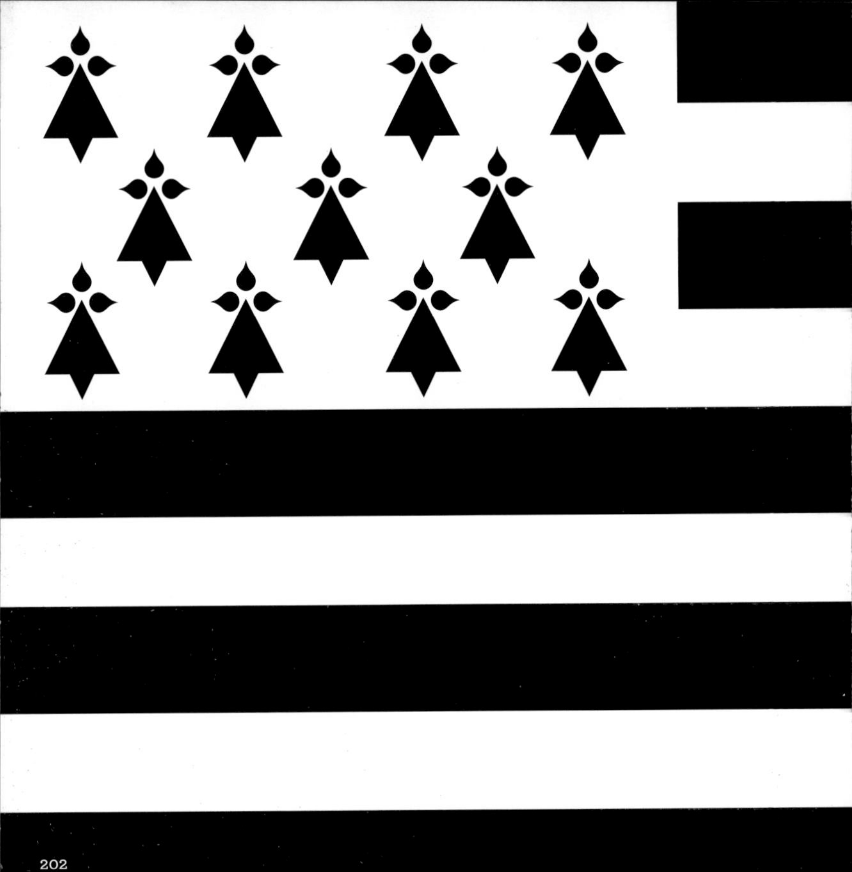

Gwenn ha du*

* Drapeau breton. Amis bretons, apposez-le impérativement sur votre véhicule dès que vous quittez la Bretagne pour vous rendre à l'étranger (c'est-à-dire dès que vous dépassez Rennes). Indispensable dans votre exil forcé !

CRÉDITS

Getty Images
8 : Luc Beziat/ 80 : Jeffrey Hamilton/ 86 : YinYang/ 98 : Bob Elsdale/ 156 : PayPal/ 172 : Florian Werner/ 173 : Sébastien RABANY/ 196 : Spauln

Corbis
26 : Ocean/ 134 : Bernard Annebicque/Sygma

Photononstop
10-11 : Nicolas Thibaut

123rf
25 : 1enchik/ 39 : annems/ 93 : Huguette Roe/ 142 : Philippe Halle/ 166 : bzh22/ 182 : David Hughes/ 195 : auremar/ 195 : indigolotos

Fotolia.com
18 : Sabphoto/ 19, 34-35, 125, 194 : synto/ 50 : AnneCatherine Mittey/ 58-59 : rdnzl/ 104-105 : Yanyko/ 110 : grape_vein/ 117 : Juliane/ 122-123 : MartialMarie/ 127, 128-129 : ALAIN VERMEULEN

Istock
30-31 : PhilAugustavo/ 47 : fiwka86/ 48 : EEI_Tony/ 118 : malerapaso

Thinkstock
52 : Elena Elisseeva/ 68-69 : Meliha Gojak/ 69 : kasjato/ 92 : StevanZZ/
146-147 : Mike Watson Images/ 160-161 : Smithore

© DR
14/ © Laiterie Le Gall : 15/ © Moulin de l'écluse : 15/ © Jildaz Colin
Société Hénaff : 64/ © Christian Le Priol : 84-85/ © Armelle Goraguer :
123, 139, 152-153, 168-169, 185/ © Graines de Menhir : 161

Remerciements
Natacha et Philippe Janot, la Société Hénaff, la laiterie Le Gall
et le Moulin de l'écluse.

Remerciements

Nous tenons à remercier pour leur contribution à cet ouvrage :

Armelle Goraguer, Pascal Coatanlem et Nadège Michelotto pour les textes.

Zelda Zonk pour les illustrations.

Delphine Guéchot pour la mise en page.

Et aussi : Maud Boulin, Jean-Louis Broust, Gaétan Burrus, Céline Derouet, Armelle Goraguer, Gustave Jourdren, Karine Marigliano, Laure Maj, Élodie Merveillard, Judith Nouvion, Anaïs Roué, Marjorie Seger, Emmanuelle Serrero-Després, Nathalie Tran, Karine Van Wormhoudt, Marie-France Wolfsperger.

ISBN : 9782809651874
Dépôt légal : octobre 2014
Fabriqué en Chine
Photogravure quat'coul